Comment établir in~~stanta~~

Confiance, Crédibilité Influence et Connexion !

13 façons d'ouvrir les esprits
en s'adressant directement
au subconscient.

TOM « BIG AL » SCHREITER

Pour information, contactez :
Fortune Network Publishing
P.O. Box 890084
Houston, TX 77289 USA

Téléphone : +1 (281) 280-9800

ISBN-10 : 1-948197-04-9
ISBN-13 : 978-1-948197-04-5

Traduit par Eric Garant

TABLE DES MATIÈRES

BIG AL
WORKSHOPS

Ce livre est dédié aux gens de marketing
de réseau de partout.

Je voyage de par le monde plus de 240 jours chaque année.
Laissez-moi savoir si vous souhaitez que tienne une
formation (Big Al Training) dans votre secteur.

→ **BigAlSeminars.com** ←

Tous les livres de
Tom « Big Al » Schreiter
sont disponibles à :

BigAlBooks.com/french

PRÉFACE

Ça n'a rien à voir avec la présentation. Rien à voir non plus avec le prix. Et rien à voir avec l'haleine du vendeur. Tout est relié à la magie qui s'opère (ou non!) dès les premières secondes où le vendeur rencontre le prospect. Qu'est-ce qui se produit ? Durant les premières secondes, le prospect prend une décision immédiate entre :

1. Vous faire confiance et vous croire,

ou

2. Activer les alarmes « anti-vendeur », « trop beau pour être vrai », « où est l'attrape » et devenir sceptique.

La décision est immédiate, et malheureusement, en général irréversible.

Vous devez apprendre à établir ce lien de confiance et cette crédibilité avec vos prospects dès les premières secondes. Comment ? En vous adressant directement à la partie du cerveau qui prend les décisions : le subconscient.

Ne vous en faites pas ; c'est moins complexe que ça en a l'air! Vous apprendrez des phrases courtes et très simples de quatre ou cinq mots et des techniques faciles et naturelles que vous pourrez maîtriser et utiliser sur le champ.

-- Tom « Big Al » Schreiter

P.S. Le masculin sera utilisé dans ce livre afin d'en alléger la lecture.

CONNEXION (LIEN)

Quelle est la différence entre un maître dans l'art d'influencer et un caissier au chômage ?

La capacité d'établir un **lien**, une **connexion**. Exemple :

Le vendeur #1 offre la présentation parfaite au prospect idéal, et ne conclue pas la vente.

Le vendeur #2 prend trois à huit secondes pour créer une connexion en s'adressant directement au subconscient du prospect, et une fois le lien établi, rien ne peut l'arrêter. Le vendeur #2 finalise la vente facilement, même s'il est incompétent et que le prospect doit presque se convaincre lui-même !

Les professionnels savent que la vente est conclue avant même que la présentation ne débute. La première décision du prospect est soit d'accepter que ce que vous dites est la vérité, ou encore, de se protéger en devenant méfiant et sceptique.

QUOI ?

Eh oui, les prospects prennent la décision de vous faire confiance et croire ce que vous dites bien avant que vous ne démarriez votre présentation. Vous voulez deux exemples ?

#1. Si les premiers mots pour me présenter à vous sont : « Faites-moi confiance ! Je suis de l'Agence du revenu et je suis ici pour vous aider »...

Est-ce que vous avez déjà pris la décision de me faire confiance ou pas ? Je pense que oui. :)

#2. Je fais souvent des présentations et des formations en Russie. Si je démarrais celles-ci en disant : « Faites-moi confiance, je suis Américain » !

Ne croyez-vous pas qu'ils prendraient la décision immédiate d'être sur leurs gardes ?

Prenons une autre situation. Vous rencontrez un vendeur de voitures usagées à l'allure louche qui parle très vite. Vous êtes tout de suite sur vos gardes. Peu importe que ce qui sortira de sa bouche, vous craindrez de lui faire confiance et vous ne croirez probablement pas un mot de ce qu'il dira. Dossier clos.

Même si ce vendeur automobile suspect vous offrait la meilleure aubaine de l'histoire de l'humanité, vous ne pourrez pas lui faire confiance et croire à la valeur de son offre. Votre réponse sera « Non ».

Vous vous direz :

« C'est trop beau pour être vrai ».

« C'est quoi l'attrape » ?

« Je ne peux pas faire confiance à un vendeur ».

« Je dois être sceptique pour protéger mon argent ».

La principale vente que nous devons faire, c'est d'amener nos prospects à croire toutes les bonnes choses que nous allons partager avec eux dans notre présentation ; et c'est ce que les professionnels font ! Ils établissent confiance, crédibilité, influence et connexion avec le prospect avant même de démarrer leur présentation.

Et qu'est-ce qui se produit si vous n'établissez pas ce lien, cette connexion avant de débuter ? Les idées et les messages que vous désirez transmettre n'arrivent pas à traverser certains filtres chez votre prospect tels que:

- Alarme anti-vendeur.
- Trop beau pour être vrai.
- Expériences négatives passées.
- Méfiance envers les étrangers.
- Programmes dysfonctionnels.
- C'est quoi l'attrape.
- Scepticisme.

Alors peu importe à quel point votre offre est extraordinaire, peu importe à quel point vous êtes sincère, votre prospect n'achètera rien tant que vous n'aurez pas créé cette précieuse connexion qui leur permettra d'entendre et croire toutes les bonnes choses que vous avez à leur offrir.

Si vous ne créez pas le lien dès le départ, vous entendrez vos prospects énoncer des excuses telles que :

- Je n'ai pas d'argent.
- Je dois en parler à quelqu'un.
- Je dois prendre le temps d'y penser.

- Je ne me vois pas en train de faire cela.
- Je n'ai pas le temps...

Toutes ces objections signifient en général qu'ils n'ont pas cru un mot de ce qu'on a dit, pas de connexion. Pensez à toutes les objections causées par cette absence de connexion avec votre prospect... Si vous étiez totalement connectés ensembles, vous marcheriez main dans la main vers un objectif commun !

Vous n'avez donc pas à apprendre comment répondre aux objections. Apprenez plutôt à établir le lien rapidement afin que les objections ne se pointent jamais le bout du nez. Alors la première et principale étape de la communication est de créer la connexion le plus rapidement possible.

SI VOUS N'ÉTABLISSEZ PAS LE LIEN (CONNEXION), VOICI CE QUI SE PRODUIRA

Dans mes ateliers « live », j'aime bien tirer la pipe aux différents groupes. Bien sûr, j'essaie d'offrir une chance égale à tous d'être offusqués, mais certains groupes sont si faciles ! :)

Voici un exemple d'argumentation que j'utilise pour leur faire réaliser qu'ils n'ont pas besoin de plus de belles choses à dire dans leurs présentations, mais qu'ils doivent plutôt développer les compétences qui feront en sorte que les prospects croiront les chose qu'ils disent déjà, tout simplement.

Exemple #1.

Aux gens de marketing de réseau dans domaine de la nutrition je demande :

« Est-ce que vos prospects désirent vivre plus longtemps ou mourir rapidement » ?

Ils répondent tous, « Vivre plus longtemps » !

Et je demande alors,

« Et est-ce que vos prospects désirent plus d'argent dans leur vie ou moins d'argent » ?

Ils répondent, « Plus d'argent » !

Je poursuis,

« Alors vos prospects désirent vivre plus longtemps et vous leur avez offert une chance de vivre plus longtemps avec vos produits... Et vos prospects désirent plus d'argent dans leur vie, et vous leur avez offert la chance de s'impliquer et d'avoir plus d'argent dans leur vie... et finalement, à la fin de votre présentation, vos prospects ont dit... » ?

« NON! » de répondre le groupe.

Je dis alors,

« Attendez un peu. Vous leur avez offert une chance de vivre plus longtemps et de faire plus d'argent, et ils ont dit « Non » ! Ça ne vous paraît pas un peu étrange » ?

Le groupe se met à réfléchir. « En effet, c'est étrange. On leur a offert exactement ce qu'ils voulaient ».

Alors je dis ceci,

« Donc, vous avez pris des prospects pré-qualifiés qui désirent plus de santé et d'argent et, parce que vous n'avez pas su établir le lien, vous les avez littéralement convaincus de refuser votre offre » !

Les participants de l'atelier grognent.

Histoire d'ajouter un peu d'huile sur le feu, je vais encore plus loin :

« Pire que ça ! Vous avez partagé des choses extraordinaires, mais vos prospects ne vous ont pas cru. En fait, vous avez fait un travail si médiocre pour les amener à croire les belles choses que vous disiez que vos prospects vous ont répondu d'une certaine façon : « Je préférerais être malade, mourir rapidement et être pauvre... que de faire des affaires avec toi » !

Et vlan dans les dents !

Mais n'est-ce pas ce qui se produit vraiment ?

Je passe ensuite aux autres groupes qui représentent d'autres produits afin d'offusquer chaque groupe de façon équitable. :)

Je fais remarquer aux vendeurs de produits de soins de peau que leurs prospects répondent en quelque sorte :

« Je préférerais rider rapidement et avoir l'air vieux que de faire des affaires avec toi » !

Aux vendeurs de photocopieurs, les prospects répondent :

« Je préférerais acheter un copieur plus cher qui fonctionne mal que de faire des affaires avec toi ».

Aux vendeurs d'automobiles, les prospects répondent :

« Je préférerais faire une croix sur la voiture de mes rêves et acheter une bagnole ennuyante que de transiger avec toi ».

Et ainsi de suite.

On a tous vécu ça ! On partage des informations extraordinaires avec nos prospects, ils ne croient pas un mot de ce qu'on leur dit, et ne font pas affaire avec nous.

Alors la première et principale étape à franchir dans le processus de communication, c'est d'établir rapidement la connexion. Une fois bien en place, notre prospect pourra croire toutes les belles choses qu'on partage avec lui et choisira probablement de faire des affaires avec nous.

Voici comment établir le lien durant les premières secondes.

HONNÊTETÉ, INTÉGRITÉ, SINCÉRITÉ ET AVOIR À CŒUR L'INTÉRÊT DE VOTRE PROSPECT... ÇA NE FONCTIONNE PAS !

Bon, je ne dis pas d'être malhonnête... mais honnêteté, intégrité, sincérité et avoir à cœur l'intérêt de votre prospect sont les mauvais outils pour établir le lien rapidement ; ça ne fonctionne pas !

Vous voulez des preuves ?

Pensez à la dernière personne qui ne vous a pas cru (lors d'une présentation).

Avez-vous été honnête avec elle ? Oui.

Avez-vous fait preuve d'intégrité ? Oui.

Avez-vous été sincère ? Oui.

Aviez-vous à cœur l'intérêt de cette personne ? Oui.

Et... cette personne ne vous a pas cru !

Vous y étiez, vous l'avez ressenti… mais aucun résultat !

Ces quatre ingrédients ne sont pas les bons outils pour créer la connexion. En fait, ils ne sont mêmes pas nécessaires ! Vous voulez des preuves ?

Pensez à un escroc.

Est-ce que l'escroc est honnête ? Non.

Est-ce que l'escroc fait preuve d'intégrité ? Non.

Est-ce que l'escroc est sincère ? Non.

Et est-ce que l'escroc a à cœur l'intérêt du prospect ? Non.

Malgré tout, l'escroc est capable de convaincre des gens honnêtes et travaillants de lui confier tout leur argent après avoir établi une connexion en seulement 15 secondes !

Alors croyez-vous que l'escroc possède des compétences particulières pour établir lien et confiance ? Bien sûr !

Pourrions-nous acquérir les mêmes compétences ? Oui !

Et nous pourrions choisir d'utiliser ces compétences à bon ou mauvais escient. :)

Alors étudions maintenant comment nous pouvons insérer nos idées et notre information dans la tête de nos prospects, tout en économisant beaucoup de temps et de frustration à tout le monde !

COMMENT CRÉER UN LIEN INSTANTANÉ, UNE CONNEXION AVEC VOS PROSPECTS.

Les gens sont instinctivement méfiants et sceptiques envers les gens qui ne pensent pas comme eux. Tout se joue dans les coulisses de notre cerveau. Nous avons un puissant programme logé dans le subconscient qui nous dicte :

« Je peux faire confiance aux gens qui sont comme moi, qui pensent de la même façon que moi et qui voient le monde avec la même perspective ».

Voici un exemple. Disons que vous êtes citoyen américain et que vous visitez la Chine. Il y a un milliard de chinois autour de vous, et vous y croisez par hasard quelqu'un des États-Unis.

Liaison instantanée ! Relation instantanée ! Confiance instantanée !

Pourquoi ? Parce qu'un autre américain vous ressemble davantage que le milliard de chinois autour de vous.

Votre conversation pourrait ressembler à :

Vous : « Je suis de la ville de New York. D'où êtes-vous »?

L'autre américain : « Je suis de Los Angeles ».

Vous : « Nous sommes voisins » !

Je l'avoue, c'est un peu exagéré :). Mais vous vous sentez instantanément plus à l'aise aux cotés de l'autre américain parce que cette personne vous ressemble davantage.

Nous avons donc tendance à faire confiance et ressentir un lien avec les gens de même religion, du même groupe ethnique, de même allégeance politique, qui aiment la même marque de bière, qui pratiquent les mêmes activités, etc. Quant aux gens qui pensent différemment ? Et bien, nous sommes instinctivement méfiants et sceptiques envers eux.

Dans mon album audio intitulé « Comment manipuler et contrôler l'esprit des autres par plaisir et pour le profit », j'enseigne aux gens comment éteindre le mode « sceptique » chez votre prospect en utilisant un fait auquel il croit déjà.

Quand vous dites à un prospect quelque chose auquel il croit déjà, son subconscient en déduit ce qui suit :

« Hé ! Tu penses comme moi... Tu es un génie, comme moi... Et tu as un pouvoir de clairvoyance extraordinaire pour lire dans les pensées. Je peux maintenant croire tout ce que tu vas dire ».

Vous ne pourrez pas gagner la confiance d'un prospect si vous lui dites une chose avec laquelle il n'est pas d'accord. Alors voici quelques exemples de phrases « gagnantes » avec lesquelles votre prospect a toutes les chances d'être en accord :

Si vous vendiez des produits de nutrition :

- On veut tous vivre plus longtemps.
- Vieillir est difficile pour le corps.
- Tout le monde désire être en bonne santé.
- L'arthrite, c'est vraiment douloureux.
- Tout le monde a besoin de plus d'énergie.
- On ne trouve pas la santé dans un pot d'antibiotiques.

Si vous vendiez des maisons :

- On a tous besoin d'une place pour vivre.
- C'est important d'habiter près de l'école de nos enfants.
- Avoir sa propre maison c'est sécurisant.
- L'argent du loyer est perdu à jamais.
- Tout le monde désire un voisinage sécuritaire.
- Chaque famille a besoin d'une maison.
- Posséder une maison c'est comme de l'argent à la banque.
- Les gens avisés financièrement sont propriétaires et non locataires.

Si vous vendiez des produits de soins pour la peau :

- Notre visage donne la première impression.
- Les personnes futées font rajeunir leur peau durant leur sommeil.
- Les taches de vieillesses ne sont pas inévitables.

- Nous voulons retarder les rides le plus longtemps possible.
- Les gens détestent les rides.
- Personne ne veut d'un visage qui fait paraître plus vieux.

Si vous vendiez des services téléphoniques :

- Les appels gratuits c'est tout à fait logique.
- On ne veut pas payer le fort prix sur notre facture de téléphone.
- Les entreprises avisées épargnent beaucoup d'argent grâce aux forfaits téléphoniques.
- On reçoit tous une facture de cellulaire trop élevée.

Si vous vendiez une opportunité d'affaires :

- Les emplois sabotent nos semaines.
- Deux chèques valent mieux qu'un.
- Toutes les mamans désirent être à la maison avec leurs enfants.
- C'est difficile d'obtenir une augmentation de salaire de nos jours.
- L'économie est nulle en ce moment.
- On veut tous congédier notre patron.
- Être son propre patron nous procure la liberté.
- Pouvoir choisir nos propres heures de travail c'est important.
- Ce serait bien de pouvoir vendre notre réveil matin au voisin.
- Il serait agréable de pouvoir se lever sur les douze coups de midi.

- Une fin de semaine de cinq jours est mieux qu'une fin de semaine de deux jours.
- On ne veut pas être simple employé toute notre vie.
- On a tous besoin de plus de vacances pour voyager.

Si vous vendiez de l'électricité :

- Tout le monde déteste payer trop cher l'électricité.
- Avoir un rabais instantané c'est logique.
- Personne ne veut payer le plein tarif.
- Payer le plein tarif pour l'électricité n'est pas très avisé.
- Mieux vaut laissez quelqu'un d'autre payer une partie de votre facture d'électricité.

Si vous vendiez des produits d'amaigrissement :

- On n'a pas le temps de faire de l'exercice.
- Personne n'aime se faire appeler « bouboule ».
- Perdre du poids est difficile.
- C'est facile d'avoir de la volonté quand on n'est pas constamment affamé.
- Transformons notre corps en « machine à brûler les gras ».
- Les diètes de type « Yo-yo » sont temporaires.
- On veut perdre du poids rapidement.

Si vous vendiez des services financiers :

- On veut que notre argent travaille à temps plein pour nous.
- Zéro dettes égal zéro stress.
- L'assurance coûte cher.

- Épargner de l'argent est difficile.
- Tout est tellement dispendieux maintenant.
- On aime tous nos familles.
- Les factures grugent presque la totalité de notre chèque de paie.

Si vous vendiez des voyages :

- Les vacances sont les meilleurs souvenirs de famille.
- Tout le monde veut des vacances à rabais.
- Travailler est exigent, alors on mérite tous des vacances.
- Passer deux semaines chez la belle-mère, ça n'est pas vraiment des vacances.
- Voyager est dispendieux, alors mieux vaut réserver à l'avance pour profiter de rabais.

Si vous vendiez des automobiles :

- Les voitures neuves sont dispendieuses.
- Tout le monde aime la sensation de conduire une voiture neuve.
- Toutes ces options sont un véritable casse-tête.
- On veut tous faire une super affaire.
- Beaucoup de gens nous jugent souvent par la voiture que l'on conduit.
- Quand on atteint 60 ans, on veut tout sauf une voiture ennuyante.
- Acheter une voiture peut être stressant.

Avec ce type de phrases d'introduction, votre prospect sera rassuré et se dira : « Toi tu parles comme moi ».

Maintenant, avez-vous remarqué à quel point il est facile d'être en accord avec les phrases plus haut ?

Avez-vous senti votre tête se balancer vers l'avant en signe d'approbation en les lisant ?

C'est ce sentiment qu'on veut créer chez notre prospect. C'est même totalement inutile de démarrer votre présentation avant d'avoir établi cette connexion avec votre prospect.

- On ne veut pas donner de l'information à des prospects qui ne nous croient pas.
- On veut déballer parler à des prospects qui nous font confiance et qui croient ce qu'on dit!

C'est la première stratégie qui différencie les amateurs et les professionnels.

ALORS QU'EST-CE QUI SE PASSE ICI ?

Tout est question de cadence et de se mettre au diapason.

Laissez-moi vous expliquer.

Si on désire vraiment communiquer avec un prospect, on doit lui parler de façon à ce qu'il comprenne.

On doit lui parler à son rythme, ce qu'on appelle la cadence.

Et on doit lui parler à partir de son propre point de vue, c'est-à-dire, vous mettre au diapason de ses croyances.

Je veux que vous imaginiez cette scène :

Votre prospect fait de la course à pied dans la rue et vous désirez lui parler. Allez-vous vous mettre à courir rapidement, loin devant ? Bien sûr que non. Votre prospect ne pourrait pas vous entendre. Est-ce que vous allez marcher lentement, loin derrière votre prospect ? Pas une bonne idée non plus.

En fait, vous voudrez courir à ses cotés, à la même vitesse que lui, pour faciliter la communication.

Simple n'est-ce pas ? C'est ce qu'on appelle suivre la cadence de notre prospect.

Dans le chapitre précédent, nous nous sommes connectés à notre prospect en utilisant des phrases avec lesquelles il était en accord. En fait, nous nous sommes mis au diapason de ses croyances, ce qui lui a permis de croire plus facilement toutes ces belles choses que nous avions à lui dire.

Maintenant, qu'est-ce qui arriverait si on ne prenait pas le temps de s'ajuster pas aux croyances de notre prospect ? Qu'est-ce qui se produirait si on démarrait la conversation avec des phrases avec lesquelles il n'est pas d'accord ?

Et bien, notre prospect développerait un « blocage » face à nous. Il se dirait tout simplement : « Peu importe ce que tu diras, je ne peux pas te croire ». Toutes nos précieuses informations et idées rebondiraient sur son front pour tomber par terre sans jamais entrer dans sa tête. Rien ne pourrait vaincre son scepticisme envers nous et nos idées, de même que notre super présentation seraient un vulgaire coup d'épée dans l'eau.

Nous avons gaspillé notre temps et celui de notre prospect... quel dommage !

Vous voulez des exemples de situations où nous ne sommes pas au diapason des croyances de notre prospect ?

Exemple #1 : Vous désirez vendre une opportunité d'affaires à quelqu'un qui a été « employé » toute sa vie ; à quoi pense-t-il ?

« Hé, tu es déjà une personne d'affaires toi, c'est normal que tu te sentes comme ça. Mais moi ? Je suis un employé et je vois les choses différemment ».

Exemple #2 : Vous êtes mince et vous désirez vendre des produits d'amaigrissement à un prospect en surplus de poids. Qu'est-ce que ce prospect pense ?

« Hé, c'est facile pour toi de ne pas manger, tu es mince ! Moi je suis affamé 24 heures par jour. Je ne peux pas dormir avec un estomac vide. Tu n'as aucune idée comment je me sens ».

Exemple #3 : Vous vendez des maisons et votre client a toujours été locataire. Voici ce à quoi il pense en magasinant avec vous sa première maison ;

« Bien sûr, c'est facile pour toi de prendre une décision rapide pour acheter une maison, tu fais ça tous les jours ! Moi, je n'ai jamais acheté de maison avant. C'est une grosse décision. C'est beaucoup d'argent ! Je ne veux pas faire d'erreurs et j'ai besoin de plus de temps pour y penser ».

Voici un dernier exemple qui démontre à quel point la cadence est importante pour créer le lien. Il existe deux types de personnes :

#1. Celles qui pensent et parlent rapidement,

#2. Et celles qui prennent plus de temps de réfléchir et parlent lentement.

Observons ce qui se produit quand l'une parle à l'autre.

La personne qui parle rapidement explique vite fait la multitude d'avantages de sa compagnie (ou ses produits) et tente de conclure la vente rapidement. Le prospect plus lent doit prendre le temps de réfléchir et se sent bousculé. Trop d'information, trop rapidement. Pas le temps d'assimiler et pas question de faire confiance à une personne qui parle aussi vite ; cette personne essaie sûrement de l'arnaquer. Résultat : aucune vente n'est conclue.

L'inverse n'est guère mieux. Voici ce qui se passe quand la personne qui parle lentement offre une présentation à un prospect qui réfléchit à vitesse turbo. Le prospect qui réfléchit à vitesse turbo devient irrité. Dépêche-toi ! Aboutit ! Parle plus vite ! Le prospect turbo termine les phrases de son présentateur qui chemine à pas de tortue dans sa présentation. Le prospect n'en peut plus, il croit que son présentateur est lent et stupide et, encore une fois, aucune vente n'est conclue.

Je raconte souvent l'histoire suivante à propos des Texans (j'en suis un :)) !

Un citoyen du Texas se rend dans la ville de New York pour s'adresser à un groupe de banquiers investisseurs en complet trois pièces. Le moment venu, le Texan porte ses bottes usées, chapeau de cowboy et jeans... et démarre sa présentation aux banquiers investisseurs avec un ton de voix lent et traînant teinté de joual :

« *Ouin...* vous pouvez *tout,* vous asseoir là. Je suis en train de m'arranger pour commencer à *starter* la présentation ».

Croyez-vous que les banquiers investisseurs ont déjà pris leur décision sur la valeur du contenu de cette présentation ? Bien entendu ! Voici à peu près ce à quoi les banquiers investisseurs pensent :

« Ce débile, déficient verbal et connard de Texan est une pure perte de temps » !

Et, naturellement, aucune transaction n'aura lieu entre les deux parties !

Et si un de ces banquiers investisseurs en habit trois pièces se rendait chez nous, au Texas, pour faire une présentation, quelle serait notre perception ? Et bien, nous Texans mettrions nos souliers vernis pour se rendre à la présentation, uniquement pour impressionner le banquier investisseur... Et après quelques mots seulement de sa petite bouche pincée, notre décision serait toute aussi rapide :

« Ce moulin à paroles, citadin, opportuniste, vendeur de tapis ne réussira pas à nous tromper et prendre notre argent. Qu'on le pende haut et court » !

Comme vous pouvez le constater, notre décision de ne pas faire affaire avec lui s'est cristallisée dans les cinq premières secondes de sa présentation.

Suivre la cadence et être au diapason sont essentiels. En fait, vous pourrez influencer vos prospects uniquement si vous adoptez leur cadence et si vous êtes au diapason avec leurs croyances et leur vision du monde.

SUIVRE LA CADENCE (ÊTRE AU DIAPASON)...SUR LES STÉROÏDES !

Aimeriez-vous devenir encore plus efficaces pour établir le lien, la connexion ?

Jusqu'ici nous avons appris que nous pouvons créer un lien de confiance en utilisant un fait auquel notre prospect croit déjà. Ce fait confirme au prospect que nous partageons la même vision du monde, que nous avons des croyances similaires aux siennes.

Qu'est-ce qui pourrait être plus puissant que d'énoncer un fait à notre prospect ?

Simple ! Énoncer deux faits !

Dites-lui deux faits auxquels il croit déjà et votre prospect sombrera dans un état hypnotique profond !

Blague à part, votre prospect n'entrera peut-être pas en transe, mais il pourra vous croire plus facilement sans filtrer constamment le contenu de votre présentation. Et c'est bien ce que nous voulons, n'est-ce pas ?

Nous voulons que les idées et l'information à l'intérieur de notre tête entrent librement dans la tête de notre prospect. C'est en fait la seule façon de lui permettre une décision éclairée suite à notre présentation.

Si nous n'arrivons pas à insérer nos idées et notre message dans la tête de nos prospects, nous gaspillons notre énergie. Et c'est injuste pour notre prospect qui n'aura même pas le loisir d'analyser notre information. C'est pour cette raison qu'on doit travailler d'arrache pieds pour établir d'abord un lien, une connexion.

Plusieurs utilisent des entrées en matière dévastatrices... Imaginez comment votre prospect se sent lorsque nous l'approchons de la façon inverse :

« Tu as un travail stupide, et moi, j'ai une super opportunité ».

« Les gens obèses n'ont aucune discipline. Tu devrais suivre notre régime strict ».

« Les gens qui ne font pas d'exercice sont des perdants. Engage-moi en tant qu'entraîneur personnel ».

« Les gens intelligents achètent tout de suite. Pourquoi as-tu besoin d'y réfléchir » ?

Ouch ! Aucune connexion n'est-ce pas ? C'est affreux.

Démarrons plutôt en douceur. Mettons-nous d'abord au diapason avec notre prospect en glissant deux faits avec lesquels il peut facilement s'identifier. Le reste de notre présentation sera accueilli beaucoup plus positivement et nous arriverons à acheminer nos idées et notre information à la partie décisionnelle du cerveau.

Voici quelques exemples.

Si vous vendiez des voitures :

- Acheter une voiture est une grosse décision ; et on ne veut pas payer le gros prix.
- Les gens vous jugent par votre voiture ; c'est injuste, mais c'est vrai.
- On se sent bien dans une nouvelle voiture. On mérite des petits bonheurs à chaque jour.

Si vous vendiez des produits d'amaigrissement :

- Suivre une diète est exigent, et on manque de temps pour faire de l'exercice.
- Jeûner et mourir de faim, ça ne fonctionnent pas. On a tous besoin de manger.
- Faire une diète stricte est impossible. On a tous des agendas trop variables.
- La nourriture diète goûte le carton. On veut manger de la vraie nourriture qui goûte quelque chose.
- On doit manger de la vraie nourriture. Siroter notre repas à travers une paille est totalement ridicule.
- Tout le monde aime les boissons repas délicieuses ; surtout si elles nous aidaient à bruler des gras !
- On est trop occupés pour faire la diète. Un comprimé magique par jour est tellement plus pratique.

Si vous vendiez des voyages :

- On ne veut pas des vacances avec la belle-mère ; on veut des vacances cinq étoiles à prix abordable.

- Les voyages sont dispendieux ; alors voyager à prix réduit est très alléchant.
- On mérite tous des vacances. Et on ne veut surtout pas les passer à la maison.
- On travaille tous pour gagner notre vie. Mais une carrière en voyage est bien plus amusante.

Si vous vendiez des vitamines ou du café santé :

- On veut tous vivre plus longtemps et en santé. Personne ne veut mourir trop vite.
- Vieillir est inévitable, mais on peut se sentir aussi jeune qu'on le désire.
- Manger santé sonne bien, mais c'est excessivement difficile dans la réalité.
- Nos petits-enfants sont des tornades dans la maison ; on a besoin de faire grimper notre énergie avant qu'ils arrivent.
- Tout le monde désire avoir plus d'énergie ; mais l'effet du café est très éphémère.
- On aime tous le goût du café. Ce serait merveilleux si un café pouvait améliorer notre santé.
- On sait que la nourriture bio vaut bien mieux que la nourriture transformée. Même chose pour nos vitamines...
- Notre santé est notre plus grande richesse. On veut la conserver le plus longtemps possible.
- Vieillir peut s'avérer douloureux. On veut tous se sentir plus jeunes.

Si vous vendiez des vêtements :

- Les gens nous jugent par nos vêtements. On veut tous faire une bonne première impression.
- On veut bien agencer nos vêtements. Personne ne veut ressembler à un clown au bureau.
- Les vêtements traditionnels ne se démodent pas et nous offrent un look classique.
- Les vêtements démodés sont gênants. On veut être remarquables en tout temps.

Si vous vendiez une opportunité d'affaires :

- L'économie est nulle en ce moment. Personne n'aura droit à une augmentation cette année.
- Tu ne peux pas devenir riche avec un emploi. Il te faut ta propre entreprise.
- Les emplois ne payent pas beaucoup. Avoir un emploi te garantit la pauvreté.
- Devoir supplier pour obtenir une augmentation de 2% est humiliant. On veut pouvoir s'offrir ses propres augmentations.
- Les emplois monopolisent nos semaines. Et on ne peut pas avancer en bossant sur le rêve du patron.
- Soit on travaille sur nos rêves, soit on travaille sur ceux de quelqu'un d'autre ; et si on travaillait sur les nôtres ?
- On ne veut pas travailler jusqu'à l'âge de 65 ans ; c'est trop loin pour jouir de la vie.

- La plupart des gens ne peuvent prendre leur retraite avant 65 ans... Et ils doivent survivre avec seulement 40% des revenus avec lesquels ils ont déjà de la difficulté à vivre en ce moment.
- On veut tout avoir sa propre entreprise. Les employés sont condamnés à une vie de travail.

Si vous vendiez des produits de soins de peau et cosmétiques :

- Votre visage donne la première impression. Vous voulez impressionner au premier regard.
- Vieillir est inévitable. On veut tous repousser les rides le plus longtemps possible.
- Prendre soin de notre peau est important. Personne ne veut d'un visage qui fait paraître plus vieux.
- Le climat rude assèche notre peau. Nous devons bien la protéger pour repousser les rides.
- Les crèmes de nuit sont dispendieuses. On en veut une qui fonctionne vraiment.
- Un mascara hydrofuge est essentiel. On ne veut pas avoir l'air d'une femme vampire lorsqu'il pleut.

Vous n'avez qu'à choisir deux faits avec lesquels votre prospect est d'accord et toute la dynamique change. La connexion s'établie instantanément et vous avez pavé le chemin qui acheminera vos bonnes idées et votre information au centre décisionnel du cerveau de votre prospect.

COMMENT ÊTRE ENCORE PLUS EFFICACE POUR ÉTABLIR LA CONNEXION.

Souriez !

Certaines personnes possèdent un sourire naturel qui désarme les prospects et les mettent en confiance sur le champs ; tandis que d'autres ont, disons le, besoin de pratiquer ! Je rencontre parfois même des personnes qui n'ont pas souri depuis des années... et ça se voit !

Mais pourquoi sourire ?

L'un des plus puissants programmes faisant partie de notre code génétique depuis la naissance et celui de « survie ».

C'est ce programme nous met en garde contre les bruits forts et le risque de tomber par exemple. Vous avez remarqué comment les bébés déterminent si quelque chose est sécuritaire ou dangereux ? Ils cherchent instinctivement un sourire. Lorsqu'on sourit aux bébés, ils se calment et nous retournent un sourire en se disant : « je suis en sécurité » ; et ils mettent aussitôt de coté leur résistance naturelle face aux étrangers.

Pensez-y.

Le sourire est un des plus puissants outils de communication et de connexion que vous possédez, et il ne coûte rien ! Mais si vous n'avez pas souri depuis des années, vous aurez besoin d'un peu de pratique !

En termes simples, l'esprit humain est muni d'un programme qui stipule ceci : « si quelqu'un sourit, je peux lui faire confiance ».

C'est un programme stupide j'en conviens... mais il existe vraiment, et il fonctionne !

Si vous désirez acheminer vos idées et votre message à l'intérieur de la tête de votre prospect, votre sourire est un outil extraordinaire.

Mais attention ! Je ne dis pas qu'un sourire peut créer instantanément confiance, crédibilité, influence et connexion. Mais je sais que si vous froncez les sourcils au lieu de sourire, c'est un handicap majeur !

Si vous désirez être trop sérieux et monotone dans votre présentation, alors ne perdez pas votre temps et celui de votre prospect ; retournez à la maison et écoutez la télé ! Sourire est trop important.

Mais ne me croyez pas sur parole ; testez-le !

Essayez ceci.

Faites un effort conscient et mettez-vous à sourire à de purs étrangers en prenant note combien vous retourneront votre sourire. Je suis persuadé que le pourcentage d'étrangers qui sourira en retour sera très élevé !

Demandez-vous ensuite : « Est-ce plus facile de créer un lien (connexion) avec quelqu'un qui me sourit déjà » ?

La réponse est évidente. Pratiquez le sourire ; ça fonctionne !

OH LÀ LÀ ! C'EST TELLEMENT PUISSANT QUE C'EST PRESQUE ILLÉGAL !

Vous vous souvenez de notre objectif ?

Acheminer notre message et notre information dans la tête de notre prospect, et faire en sorte qu'il croit ce qu'on dit. Et une fois notre message et notre information dans sa tête, notre prospect peut décider si ce message et cette information le serviront ou pas. C'est tout.

Alors entrons dans sa tête de façon rapide et efficace afin d'épargner du temps à tout le monde. Comment ?

1. Énoncer **un fait** avec lequel notre prospect est susceptible d'être d'accord.

2. Énoncer **un second fait** avec lequel il peut s'identifier aussi.

3. Terminer avec un **large sourire**.

Exagéré ? Non. Extrêmement efficace ! Voyons à quoi ça pourrait ressembler ;

- L'hiver assèche complètement notre peau. Et on veut tous une belle peau douce. :) *(SOURIRE)*
- Rester à la maison avec les enfants c'est fantastique, mais on doit tous gagner sa vie. :) *(SOURIRE)*

- Acheter notre première maison est terrifiant ; mais c'est aussi très excitant. :) *(SOURIRE)*
- Magasiner une voiture est stressant, mais retourner à la maison au volant de sa nouvelle voiture est une expérience exaltante ! :) *(SOURIRE)*
- Les diètes nous rendent misérables. Notre corps a été conçu pour manger ». :) *(SOURIRE)*
- Les factures décapitent notre chèque de paie. C'est vraiment difficile d'épargner ». :) *(SOURIRE)*
- Payer l'impôt veut dire encore moins d'argent dans nos poches. On préfèrerait investir cet argent pour s'offrir une retraite anticipée. :) *(SOURIRE)*

Comme vous pouvez le constater, établir le lien avec votre prospect ne prend que quelques secondes. Inutile d'investir plusieurs heures à bavarder et à construire la relation ! De nos jours, les gens ont une capacité d'attention très courte et leur temps est précieux ! Ce qui implique que nos prospects prendront des décisions éclairs pour protéger chaque minute.

Le 20e siècle est révolu. Les techniques de vente dépassées des années '60 ne sont pas efficaces dans le contexte actuel. Par exemple, vous avez déjà entendu parler de la formule « FORM » pour établir un lien avec quelqu'un ?

« F » est pour **F**amille. Nous étions supposés parler au prospect de sa famille durant une heure, ou jusqu'à ce qu'il dise : « Hé ! Pourquoi tu me poses toutes ces questions à propos de ma famille » ?

Alors on se rabattait sur le « O » pour lui faire parler de son **O**ccupation pendant un certain temps.

Puis c'était au tour du « R » (**Recreation**) qui passait au peigne fin ses passe-temps et ses intérêts...

Sans oublier le fameux « M » pour... Bof ! Ça n'a pas d'importance. Notre prospect avait décroché après la dixième seconde de toute façon !

OK, j'exagère un peu... mais à peine ! Nous devons oublier ces anciennes technique pour établir une connexion. Le subconscient de notre prospect prend sa décision en quelques secondes de toute façon, alors nous n'avons que très peu de temps. Dans la vie réelle, combien de questions pouvez-vous poser à votre prospect à propos de sa famille en 10 petites secondes ?

Les professionnels savent que les prospects prennent la décision de nous croire et nous faire confiance en quelques secondes. Nous devons utiliser ce temps intelligemment en utilisant des techniques efficaces qui permettent d'établir « rapido presto » la précieuse connexion.

UTILISER DES MOTS ET DES PHRASES MAGIQUES POUR ÉTABLIR LE LIEN.

Oui, certains mots activent des programmes enfouis dans notre esprit et génèrent des prises de décisions instantanées. Et ces décisions se prennent avant que ne débute votre présentation.

Voici un exemple.

Supposons qu'il existe deux partis politiques, appelons-les démocrates et républicains.

Si vous êtes membre du parti démocrate et que le leader de votre parti parle, vous vous mettez à hocher la tête en signe d'approbation. Il y a connexion. Votre leader et vous voyez le monde du même point de vue. Vous êtes prêt à croire tout ce qu'il dira avant même qu'il n'ouvre la bouche.

Mais si le leader du parti républicain se met à parler, dès qu'il bouge les lèvres, vous être sceptique. Ce leader ne voit pas le monde de votre point de vue. Pas de connexion. Pas de confiance. Pas de crédibilité.

C'est aussi rapide que ça.

En fait, en prononçant simplement le mot « démocrate », la réaction est immédiate entre vos deux oreilles. Votre programmation automatisée vous dicte quels sentiments ressentir.

Maintenant, ça n'est pas le seul programme qui se cache dans notre cerveau. Nous avons des millions de programmes automatisés. C'est grâce à eux qu'on peut fonctionner et qu'on n'a pas à réfléchir à tout ce qu'on fait. Ces programmes le font pour nous.

Voici quelques exemples.

Si vous marchez dans la rue et que quelqu'un vous sourit, vous retournez le sourire automatiquement.

Si nous magasinons, et qu'un vendeur s'approche de nous par derrière et dit : « Puis-je vous aider ? », nous répondons sans même réfléchir : « Oh, non merci, je ne fais que regarder ».

Si nous entrons dans un ascenseur et qu'un étranger s'y trouve déjà, nous nous plaçons instinctivement le plus loin possible, mais toujours face à lui.

Si quelqu'un nous demande : « Comment ça va » ?... sans même réfléchir, notre réponse automatique sera : « Bien et toi ? » ou « Fantastique ! » ou autre chose selon vos réponses automatisées.

Il est donc logique de croire que certains mots et certaines phrases activeront l'un ou l'autre de ces programmes dans la tête de notre prospect.

Que diriez-vous d'utiliser ces mots et ces phrases afin d'établir plus facilement la connexion pour ensuite transmettre plus facilement nos idées et nos informations ?

Êtes-vous prêts à apprendre certains de ces mots et phrases qui activent les programmes automatisés chez vos prospects ?

LA SURVIE, C'EST BIEN !

Un des programmes les plus importants du cerveau humain est l'instinct de survie. Plusieurs de nos décisions sont basées sur la survie.

Voici la mauvaise nouvelle.

Le programme de survie rend les prospects sceptiques. Ils craignent d'être trompés et de perdre de l'argent et/ou du temps. Être sceptique est une forme d'autoprotection.

Si votre prospect est sceptique, ne vous croit pas et ne vous fait pas confiance, que croyez-vous qu'il se passera ? Rien ! Et c'est là le problème.

Alors utilisons le programme de survie de notre prospect pour nous aider à transmettre nos idées et nos informations en totale connexion. Comment ? Avec des mots magiques bien sûr !

Maintenant, la plupart des gens aimeraient connaître ces mots magiques. Et la plupart des gens utiliseraient ces mots magiques encore et encore s'ils les connaissaient. Ces mots magiques aident la plupart des gens à devenir des supers communicateurs.

Alors si vous êtes comme la plupart de gens, vous êtes impatients d'apprendre ces mots. Alors les voici :

« La plupart des gens ».

Étrange ? Pas vraiment. C'est tout à fait logique quand vous comprenez l'instinct de survie...

Notre programme de survie nous dicte entre autres de « rester avec le groupe ». On ne veut pas être isolés et laissés à nous même. On accepte de marcher dans des ruelles sombres avec d'autres gens, mais pas seuls ; question de survie !

Si vous découvrez un nouvel arbuste qui produit de jolis petits fruits, voulez-vous être la première personne à y goûter ? Je ne crois pas. Votre décision est immédiate et basée sur l'instinct de survie. Vous voulez que beaucoup, beaucoup de gens se soient portés volontaires avant vous.

Il est plus sécuritaire de se joindre à la masse et d'attendre que plusieurs personnes prennent le risque avant nous. C'est un facteur clé pour satisfaire l'instinct de survie car les statistiques sont rassurantes. Alors si vous débutez une phrase par « La plupart des gens », le cerveau de votre prospect analyse la suite comme suit :

« Est-ce que je fais partie de la plupart des gens ou encore de la minorité ? Et bien, je préfère faire partie de la majorité (la plupart des gens), car c'est beaucoup plus sécuritaire. Je ne veux prendre aucun risque. Car si je décidais de faire partie de la minorité et que ça ne fonctionnait pas... Ouch ! Tout le monde se moquerait de moi parque j'ai fait une erreur. Alors je vais me rallier à « la plupart des gens ».

Wow.

Et oui, c'est aussi bêtement que ça que nous, les humains, décidons de faire comme la plupart des gens.

Vous en doutez ? Et bien, dites-moi si cette extrait d'une publicité de dentifrice populaire sonne un peu comme « la plupart des gens » :

« 4 dentistes sur 5 la recommandent »...

Nous sommes instantanément convaincus que ce dentifrice est le meilleur, sans autre forme de justification.

Efficace n'est ce pas ? Et tout ça sans aucun fait ni présentation !

Nous prenons des décisions tous les jours basées sur « la plupart des gens ». Un autre exemple. Vous êtes devant deux restaurants voisins. Un des restaurants est bondé et l'autre, vide. À quoi pensez-vous ?

La décision fut très rapide n'est-ce pas ?

Examinons quelques exemples phrases débutant par « La plupart des gens » que nous pourrions utiliser avec nos prospects.

Si nous vendions une opportunité d'affaires :

- La plupart des gens détestent leur travail.
- La plupart des gens ont besoin de plus d'argent.
- La plupart des gens aimeraient être leur propre patron.
- La plupart des gens désirent être riche.

- La plupart des gens aimeraient travailler trois semaines par mois mais être payés plein salaire.
- La plupart des gens veulent passer plus de temps avec leurs enfants.
- La plupart des mamans détestent entreposer leurs enfants à la garderie.
- La plupart des emplois ne paient pas assez.
- La plupart des gens débutent avec cet ensemble de produits.
- La plupart des gens désirent payer moins d'impôts.
- La plupart des distributeurs achètent leur billet de convention sur le champ.

Si nous vendions des voitures :

- La plupart des gens recherchent la meilleure aubaine.
- La plupart des gens détestent les entourloupes utilisées par les vendeurs de voitures usagées.
- La plupart des gens recherchent une expérience agréable à l'achat d'une nouvelle voiture.
- La plupart des gens prennent la garantie prolongée.
- La plupart des gens recherchent une voiture abordable déguisée en véhicule de luxe.
- La plupart des gens épargnent de l'argent en optant pour une location.
- La plupart des gens n'ont pas le temps de faire la grande tournée des concessionnaires.

Si vous vendiez des voyages :

- La plupart des gens méritent des vacances.

- La plupart des gens ne veulent pas passer les prochaines vacances dans la belle famille.
- La plupart des gens préfèrent payer le prix de gros plutôt que le prix de détail.
- La plupart des gens apprécient le coté économique des croisières.
- La plupart des gens épargnent beaucoup en optant pour un forfait tout inclus.
- La plupart des gens désirent voir le monde de leurs propres yeux.

Si vous vendiez des produits de soins de peau :

- La plupart des femmes aimeraient retarder les rides d'une vingtaine d'années.
- La plupart des gens désirent une peau d'apparence jeune éternellement.
- La plupart des gens détestent les taches de vieillesse.
- La plupart des gens s'attendent à ce que leur crème hydratante offre une protection solaire.
- La plupart des femmes désirent avoir l'air plus jeune.
- La plupart des gens détestent l'acné.
- La plupart des femmes veulent un maquillage qui les avantage.

Si nous vendions des produits d'amaigrissement :

- La plupart des gens n'ont pas le temps de faire de l'exercice.

- La plupart des gens sont trop occupés pour suivre une diète.
- La plupart des gens n'aiment pas se sentir affamés.
- La plupart des gens sont conscients que l'activité physique est exigeante pour le corps.
- La plupart des gens aimeraient perdre du poids une fois et ne plus jamais le revoir.
- La plupart des diètes ne fonctionnent pas.
- La plupart des gens qui suivent une diète recherchent quelque chose de simple.
- La plupart des gens qui suivent une diète savent que l'exercice ne fait que vous amortir.
- La plupart des gens qui suivent une diète ne veulent pas siroter leur repas dans une paille.
- La plupart des gens qui suivent une diète désirent perdre du poids rapidement.
- La plupart des gens qui suivent une diète adorent manger des collations.

Si vous vendiez de l'assurance ou des produits financiers :

- La plupart des familles ont besoin d'assurance.
- La plupart des assurances sont trop dispendieuses.
- La plupart des gens n'ont pas suffisamment d'argent pour investir.
- La plupart des gens veulent que leur argent travaille fort pour eux.
- La plupart des gens détestent les investissements risqués.

- La plupart des gens seraient comblés si leur épargne pouvait payer leur assurance.
- La plupart des gens n'ont pas le temps de devenir experts en investissement.
- La plupart des plans de retraite des entreprises sont insuffisants.
- La plupart des gens désirent que leur conseiller financier les aide à gérer leurs finances.
- La plupart des gens ont besoin d'assurance mais ne peuvent pas se le permettre.
- La plupart des gens désirent se protéger contre les urgences.

Et en vrac :

- La plupart des gens veulent une facture d'électricité moins salée.
- La plupart des professeurs désirent un salaire plus élevé.
- La plupart des employés veulent passer plus de temps avec leur famille.
- La plupart des mamans veulent maintenir leurs enfants en bonne santé.
- La plupart des femmes désirent une cuisine moderne.
- La plupart des gens passent le tiers de leur vie au lit.
- La plupart des hommes ne veulent pas gaspiller leur fin de semaine à entretenir le gazon.
- La plupart des vendeurs veulent être plus efficaces pour conclure des ventes.

- La plupart des gens qui suivent une diète rêvent de manger de la pizza.

Un jeu d'enfant n'est-ce pas ?

Vous l'avez ressenti ? Avez-vous senti le « oui instantané » vous submerger après chacune de ces phrases ?

Ce « oui instantané » fera le même effet à vos prospects lorsque vous utiliserez « la plupart des gens » pour éveiller leur instinct de survie.

« TOUT LE MONDE SAIT » ET « TOUT LE MONDE DIT »...

« La plupart des gens » n'est pas la seule formule qui amène les gens à dire oui. « Tout le monde sait » et « Tout le monde dit » fonctionnent très bien aussi. N'oubliez pas que notre objectif est d'amener les gens à croire les belles choses qu'on désire partager avec eux.

Il y a deux façons d'amener les gens à croire ce qu'on dit :

#1. Les brusquer jusqu'à la soumission avec une heure de faits, rapports, graphiques, preuves, témoignages et autre bêtises qui engourdissent le cerveau. C'est une technique plutôt lourde mais après une heure ou deux, votre prospect dira probablement : « OK, j'abandonne, je te crois ».

#2. Ordonner au subconscient de votre prospect de croire instantanément à ce que vous allez dire à l'aide d'une formule magique de quelques mots. Aucune discussion ni preuve supplémentaire requises !

Hmmm, la méthode #2 semble beaucoup plus agréable, et pour vous et pour votre prospect. Alors utilisons des mots et des phrases éprouvées pour ordonner à notre prospect d'accepter tout ce qu'on dit comme étant vrai, sans avoir besoin de convaincre, et justifier chaque information.

Maintenant, la plupart des gens qui lisent ce livre aimeraient connaître ces phrases magiques. Et tout le monde sait que si l'on connaissait ces phrases, on les utiliserait à profusion. Et tout le monde dit qu'on doit apprendre ces phrases rapidement afin de gagner plus d'argent et perdre moins de temps...

Ok. C'est plutôt évident n'est-ce pas ?

« Tout le monde sait » et « Tout le monde dit » portent les gens à accepter ce qu'on dit comme étant la vérité.

Voici ce qui se passe dans l'esprit de votre prospect. Quand vous utilisez ces deux formules, le subconscient exécute le script suivant :

« Tout le monde sait... hmmm, est-ce que je fais partie de tout le monde... ou est-ce que je fais partie de personne ? Personne ne fait partie de personne, alors je dois faire partie de tout le monde. Et si tout le monde le sait, alors cela signifie que je le sais aussi ; et si je le sais, et bien, alors ce doit être vrai » !

Vraiment ? Est-ce que notre esprit fonctionne réellement de cette façon ?

Oui !

Gênant. Mais vrai.

Tant et aussi longtemps que ce qu'on dit est raisonnable, le prospect traitera instantanément cette information comme étant une vérité, sans preuve supplémentaire.

Même chose pour « Tout le monde dit ». Voici le programme qu'exécute cerveau lorsqu'il entend les mots « Tout le monde dit » :

« Tout le monde dit... hmmm, est-ce que je fais partie de tout le monde... ou est-ce que je fais partie de personne ? Personne ne fait partie de personne, alors je dois faire partie de tout le monde. Et si tout le monde le dit, alors cela signifie que je le dis aussi ; et si je le dis, alors ce doit être vrai car, je ne suis pas un menteur » !

L'espace d'une seconde, nous prenons la décision de croire à ce qui est dit. Prenons un autre exemple.

« Tout le monde sait que l'économie est nulle en ce moment ».

Stop. Regardons attentivement cette affirmation.

Le prospect accepte immédiatement cet énoncé comme étant la réalité sans aucune justification ni information. La preuve ? Vous ne verrez pas votre prospect questionner cette affirmation en demandant :

« Êtes-vous certain ? Est-ce que quelqu'un a effectué un sondage ? Nulle à quel point ? Vous avez un instrument de mesure » ?

Vous voyez comme c'était facile ? Et ce, sans aucune preuve ! Vous épargnez de cette façon un temps précieux ! Vous transmettez votre message directement dans le cerveau de votre prospect, et il vous croit. C'est aussi simple que ça.

Regardons d'autres exemples.

Si nous vendions des cartes de membre pour une salle d'entraînement :

- Tout le monde dit que ce Gym est la meilleure partie de leur vie sociale.
- Tout le monde sait que les muscles ne se développent pas en regardant la télévision.
- Tout le monde dit qu'on a l'air plus jeune quand on tient la forme.
- Tout le monde dit que nos instructeurs d'aérobie sont les meilleurs.
- Tout le monde se dit : « si on ne prend pas soin de nos corps, alors où ira-t-on vivre » ?
- Tout le monde sait qu'un entraîneur personnel vous permet de sauver du temps.
- Tout le monde sait qu'un entraînement en endurance est la meilleure option.
- Tout le monde dit que notre plan mensuel est le plus pratique.
- Tout le monde sait que vos muscles ne vous tortureront pas dans un programme supervisé.
- Tout le monde dit que la partie la plus difficile pour se remettre en forme et de s'inscrire.

Si nous vendions de l'assurance :

- Tout le monde sait que la police d'assurance *Vie entière* offre la meilleure valeur.
- Tout le monde dit qu'une assurance à terme est le meilleur produit pour les jeunes familles.

- Tout le monde sait que l'assurance est une nécessité pour les jeunes familles.
- Tout le monde dit qu'on mourra éventuellement.
- Tout le monde sait qu'il est impossible d'épargner de l'argent lorsqu'on débute une famille.
- Tout le monde sait que l'assurance, c'est trop compliqué.
- Tout le monde sait qu'on ne veut pas dépenser trop d'argent en assurances.

Si nous vendions des vitamines :

- Tout le monde sait que notre corps vient avec une garantie à vie.
- Tout le monde sait que nos aliments ne sont plus aussi nutritifs qu'auparavant.
- Tout le monde dit qu'il est difficile d'obtenir de la nourriture organique fraîche tous les jours.
- Tout le monde sait qu'on a besoin de plus de vitamine D.
- Tout le monde dit vouloir vivre plus longtemps.
- Tout le monde sait que mourir jeune n'est pas envisageable.
- Tout le monde dit qu'on n'a pas le temps de cuisiner « santé ».
- Toutes les mamans savent que les enfants sont exposés à toutes sortes de germes et virus à l'école.
- Toutes les mamans disent vouloir protéger leurs enfants des maux qui courent à l'école.
- Toutes les grand-mamans savent que leurs petits-enfants mangent trop de nourriture transformée.

- Chaque grand-maman dit vouloir se sentir comme à ses 16 ans mais avec un plus de jugement.

Si nous vendions des automobiles :

- Tout le monde dit que les Toyota sont plus sécuritaires.
- Tout le monde sait que les BMW sont plus excitantes à conduire.
- Tout le monde dit adorer la faible consommation des Nissan.
- Tout jeune homme sait qu'une voiture convertible lui procurera plus de rencarts avec les filles.
- Tous les jeunes hommes disent qu'une voiture neuve est la meilleure « arme » pour draguer.
- Toutes les femmes savent que les mini-fourgonnettes sont parfaites pour jouer au taxi.
- Tous les comptables savent que les Honda sont l'option la plus économique.
- Tout les ingénieurs savent que ce modèle offre le summum de la technologie.
- Tout le monde sait que les garanties prolongées valent leur pesant d'or.
- Tout le monde dit que le coût d'une seule réparation justifie l'achat d'une garantie prolongée.

Si nous vendions une opportunité d'affaires :

- Tout le monde sait qu'on ne peut pas devenir riche avec un emploi.

- Tout le monde dit qu'occuper un emploi vous garanti de rester fauché.
- Tout le monde sait que les propriétaires d'entreprises gagent le plus d'argent.
- Tout le monde dit « je n'en peux plus de recevoir des ordres d'un patron ».
- Tout le monde sait que si vous travaillez fort, seul votre patron aura une grosse maison à sa retraite.
- Tout le monde dit vouloir prendre sa retraite plut tôt.
- Tout le monde sait que notre emploi sabote notre semaine.
- Tout le monde dit vouloir congédier son patron.
- Tout le monde sait que deux chèques de paie valent mieux qu'un.
- Tout le monde dit qu'on n'aura pas d'augmentation cette année.
- Tout le monde sait qu'on n'est pas suffisamment payés.
- Tout le monde dit « ce serait merveilleux d'être riche ».
- Tout le monde sait que si on ne change rien, on aura 85 ans, on travaillera toujours ici, à boire dans les mêmes tasses de café souillées.
- Tout le monde dit que si on ne fait rien de différent aujourd'hui, alors rien ne changera demain.

« Tout le monde sait » et « Tout le monde dit » sont des chevaux de bataille puissants qui vous permettront d'amener votre prospect à vous croire rapidement ; et c'est énorme !

Ces formules arrivent à court-circuiter les filtres qui génèrent la résistance chez votre prospect tels que :

- Scepticisme
- Expériences négatives passées
- Trop beau pour être vrai
- Où est l'attrape ?
- Etc.

Il sera maintenant simple pour vous de communiquer et d'amener votre prospect à croire toutes les bonnes choses que vous partagerez !

ET BIEN, TU SAIS COMMENT...

Oui oui, « Et bien, tu sais comment » est une autre formule magique qui permet à notre prospect de nous croire.

Vous pouvez simplement placer « Et bien, tu sais comment » devant vos faits et, la plupart des prospects exécuteront automatiquement ce petit programme dans leur subconscient :

« Et bien, tu sais comment... hmmm, et bien si je sais déjà comment, alors ce doit être vrai, puisque ce que je sais est vrai ».

Je sais que ça semble idiot, mais c'est ainsi que notre cerveau fonctionne.

J'adore faire cette petite expérience lors de mes ateliers. Je demande aux participants de dire uniquement ces quatre mots, « Et bien, tu sais comment » à la personne assise juste à coté.

Ensuite je leur demande ceci, « Avez-vous remarqué comment la personne assise à vos cotés s'est mise à hocher la tête en signe d'approbation, simplement en disant ces quatre mots » ?

C'est incroyable mais vrai. Quand nous disons « Et bien, tu sais comment », notre prospect se met tout de suite à hocher la tête en signe d'approbation, **avant même** que nous disions quoi que ce soit.

Mieux encore ! La plupart des gens ont même tendance à décrocher un sourire quand vous prononcez ces mots.

Alors considérez ceci. Plutôt que de gaspiller votre énergie à convaincre un prospect sceptique, débutez vos phrases par « Et bien, tu sais comment » et observez votre prospect s'incliner vers vous, sourire, et hocher la tête en signe d'approbation, totalement connecté et en accord avec ce que vous n'avez pas encore dit !

Mais...

La plupart des gens qui lisent ceci aimeraient avoir quelques exemples, parce que tout le monde sait que les exemples sont la meilleure façon d'assimiler la théorie. Et tout le monde dit que quelques exemples seulement peuvent suffire pour libérer notre créativité !

Bon, si vous n'avez rien remarqué, relisez le paragraphe précédent. :)

Trop facile, n'est-ce pas ?

Si vous vendiez des boissons énergétiques :

- Et bien, tu sais comment on se sent fatigués autour de 14 heures ?
- Et bien, tu sais comment on a besoin d'un peu plus d'énergie avant de faire notre rapport d'impôt ?

- Et bien, tu sais comment on veut plus d'énergie mais on déteste s'écraser 2 heures plus tard ?
- Et bien, tu sais comment la plupart des boissons énergétiques sont remplies de calories vides ?
- Et bien, tu sais comment la plupart des boissons énergétiques goûtent mauvais ?
- Et bien, tu sais comment on a besoin de plus d'énergie quand les petits-enfants viennent nous visiter ?
- Et bien, tu sais tout le plaisir nous pourrions avoir si tu ne te sentais pas fatigué tout le temps ?
- Et bien, tu sais comment plus d'énergie nous permet de se sentir mieux ?
- Et bien, tu sais combien on désire avoir plus d'énergie quand on s'entraîne ?

Si nous vendions des ordinateurs :

- Et bien, tu sais comment les virus représentent un problème majeur ?
- Et bien, tu sais combien ce modèle est facile à utiliser ?
- Et bien, tu sais comment la plupart des gens désirent un ordinateur qui va durer longtemps ?
- Et bien, tu sais combien il est pratique d'avoir ordinateur compatible avec le système du bureau ?
- Et bien, tu sais comment un 100$ supplémentaire investi dans la mémoire peut doubler ta vitesse ?
- Et bien, tu sais comment un plan d'entretien de 3 ans permet d'utiliser ton ordinateur sans stress ?

Si nous vendions des antioxydants
pour la santé :

- Et bien, tu sais comment on veut tous un système immunitaire fort pour rien ne nous mette KO ?
- Et bien, tu sais comment on veut tous éviter que notre corps rouille de l'intérieur ?
- Et bien, tu sais comment on veut protéger nos enfants des virus à l'école ?
- Et bien, tu sais qu'on veut tous prendre des antioxydants aujourd'hui pour éviter d'avoir à prendre des médicaments plus tard ?
- Et bien, tu sais qu'on a droit qu'à un seul corps, et on veut qu'il dure le plus longtemps possible ?
- Et bien, tu sais comment cet ingrédient miracle peut prévenir la grippe ?
- Et bien, tu sais combien tout le monde déteste être malade ?
- Et bien, tu sais combien une bonne alimentation nous aide à se sentir mieux ?
- Et bien, tu sais comment on devrait prendre quelque chose de nutritif pour neutraliser un repas pizza ?
- Et bien, tu sais combien personne ne désire mourir trop tôt ?
- Et bien, tu sais comment toutes les grand-mamans désirent vivre assez longtemps pour voir leurs petites filles se marier ?

Si nous vendions des emails vidéo :

- Et bien, tu sais combien il est difficile de taper des messages au clavier ?
- Et bien, tu sais combien on déteste écrire à cause des fautes de grammaire embarrassantes ?
- Et bien, tu sais comment on manque de temps pour taper des messages au clavier ?
- Et bien, tu sais combien une image vaut mille mots ?
- Et bien, tu sais comment un courriel écrit peut facilement être mal interprété ?
- Et bien, tu sais comment on connecte plus facilement lorsqu'on voit l'autre personne parler ?
- Et bien, tu sais comment les gens adorent regarder une vidéo plutôt que lire un texte ?

Si nous vendions des produits de nettoyage organiques naturels :

- Et bien, tu sais combien on veut tous sauver la planète ?
- Et bien, tu sais comment les enfants touchent à tout ?
- Et bien, tu sais comment on veut se débarrasser des poisons dans nos maisons ?
- Et bien, tu sais comment on veut tous protéger l'environnement ?
- Et bien, tu sais comment les nettoyants 100% naturels sont non-toxiques ?
- Et bien, tu sais comment on veut tous une maison plus sécuritaire ?

Si nous vendions des cosmétiques :

- Et bien, tu sais comment les gens nous jugent par notre apparence ?
- Et bien, tu sais combien on veut éviter que notre visage trahisse notre âge ?
- Et bien, tu sais comment certaines femmes sont si maquillées qu'elles pourraient faire le cirque ?
- Et bien, tu sais comment la plupart des ombres à paupières sont exagérées ?
- Et bien, tu sais comment la plupart des hommes ont peur du maquillage ?
- Et bien, tu sais à quel point le maquillage de qualité peut être dispendieux ?
- Et bien, tu sais combien nous avons besoin d'avoir l'air professionnel ?
- Et bien, tu sais à quel point un maquillage qui sèche ou qui craque peut être embarrassant ?
- Et bien, tu sais comment certains maquillages semblent lourds ?
- Et bien, tu sais comment le maquillage peut corriger les petits défauts ?

Si nous vendions de l'immobilier :

- Et bien, tu sais comment on a tous besoin d'une place pour vivre ?
- Et bien, tu sais comment on a tous besoin d'un endroit qu'on peut nommer « maison » ?
- Et bien, tu sais comment être locataire équivaut à jeter de l'argent par les fenêtres chaque mois ?

- Et bien, tu sais à quel point demeurer locataire contribue à enrichir quelqu'un d'autre ?
- Et bien, tu sais combien on veut la liberté de posséder sa propre maison ?
- Et bien, tu sais à quel point les gens qui ont acheté leur maison il y a 20 ans ont accumulé aujourd'hui une grande valeur ?
- Et bien, tu sais à quel point il est moins coûteux de posséder ta propre maison que d'être locataire ?
- Et bien, tu sais comment chacun désire un espace qui lui appartient ?
- Et bien, tu sais comment on veut habiter près de l'école de nos enfants ?
- Et bien, tu sais comment vivre près d'une station de train te facilitera la vie ?
- Et bien, tu sais combien acheter ta propre maison équivaut à mettre de l'argent en banque ?
- Et bien, tu sais comment le prix des maisons augmente avec les années ?
- Et bien, tu sais à quel point les locataires regrettent toujours l'argent qu'ils perdent chaque mois ?
- Et bien, tu sais combien ce quartier est plus sécuritaire pour les enfants ?
- Et bien, tu sais comment certaines personnes attendent trop longtemps et manquent le train ?

Si vous vendiez une opportunité d'affaires :

- Et bien, tu sais combien une fin de semaine de 5 jours vaut mieux qu'une fin de semaine de 2 jours ?

- Et bien, tu sais à quel point il serait formidable de travailler à partir de la maison ?
- Et bien, tu sais comment faire la navette pour le travail nous enlève beaucoup de temps ?
- Et bien, tu sais comment on ne deviendra jamais riche avec un emploi ?
- Et bien, tu sais combien on aimerait vendre notre réveil matin au voisin ?
- Et bien, tu sais comment on aimerait tous gagner plus d'argent ?
- Et bien, tu sais comment tous les gens futés développent un second revenu ?
- Et bien, tu sais comment on adorerait gérer notre propre horaire ?
- Et bien, tu sais comment on désire éviter de laisser les enfants trop longtemps au service de garde ?
- Et bien, tu sais à quel point il serait fantastique de ne plus jamais avoir à se rendre au travail ?
- Et bien, tu sais combien on désire tous être notre propre patron ?

Oui, « Et bien, tu sais comment », permet d'acheminer facilement nos idées dans la tête de nos prospects, et c'est très rapide !

Ce qui est excellent car, et bien, vous savez à quel point on ne veut pas perdre notre temps à parler à des prospects qui ne nous croient pas ?

Alors, c'était facile, n'est-ce pas ?

« IL Y A UN VIEUX DICTON QUI DIT QUE »...

Oui, il y a beaucoup de vieux dictons. Par exemple :

Il y a un vieux dicton qui dit de ne pas croire ce que les gens disent, mais seulement ce qu'ils font.

Il y a un vieux dicton qui dit que la pratique mène à la perfection.

Il y a un vieux dicton qui dit que vous ne devriez jamais coller votre langue sur du métal congelé.

Il y a un vieux dicton qui dit qu'un point à temps en vaut cent.

Il y a un vieux dicton qui dit que quand il pleut, il tombe des cordes.

Mais alors... qu'est-ce qui se passe ici ?

En fait, lorsqu'on prononce les mots « il y a un vieux dicton qui dit que »... dans le subconscient de notre prospect, le programme suivant est activé :

« Si n'importe qui, n'importe où, n'importe quand dit « Il y a un vieux dicton qui dit que »..., alors ce doit être vrai parce que c'est un vieux dicton » !

Bizarre ?

En effet. Mais c'est de cette façon que notre subconscient peut prendre des décisions rapides. Notre cerveau a mieux à faire que de se questionner et réfléchir à chaque phrase. Il a donc développé des raccourcis afin de faciliter son rôle de gestionnaire central.

Par exemple, lorsque quelqu'un dit : « Il y a un vieux dicton qui dit que... », notre cerveau classe immédiatement l'information comme étant vraie afin de pouvoir s'occuper de choses plus importantes.

Et, bien entendu, vous savez combien les exemples accélèrent la compréhension ! :)

Si vous vendiez des produits de soins pour la peau :

- Il y a un vieux dicton qui dit qu'on ne veut surtout pas que notre visage nous fasse paraître plus vieux.
- Il y a un vieux dicton qui dit que l'hiver assèche notre peau.
- Il y a un vieux dicton qui dit que les femmes avisées font rajeunir leur peau durant leur sommeil.
- Il y a un vieux dicton qui dit que les rides vous donnent de la personnalité, mais rien de plus.
- Il y a un vieux dicton qui dit que le nettoyage du visage est l'étape la plus importante.
- Il y a un vieux dicton qui dit que les rides c'est pour les prunes, pas pour nous.

Si vous vendiez des vêtements :

- Il y a un vieux dicton qui dit que l'habit fait l'homme.
- Il y a un vieux dicton qui dit que vous n'avez qu'une chance de faire une bonne première impression.
- Il y a un vieux dicton qui dit que vous ne pouvez pas vous tromper avec un tissus 100% laine.
- Il y a un vieux dicton qui dit que les vêtements de qualité impressionnent les gens.
- Il y a un vieux dicton qui dit qu'on ne veut pas avoir l'air quétaine lorsqu'on sort de la maison.
- Il y a un vieux dicton qui dit que les vestes ne se démodent pas.
- Il y a un vieux dicton qui dit que le noir s'agence avec presque tout.

Si vous vendiez une opportunité d'affaires :

- Il y a un vieux dicton qui dit que les emplois interfèrent avec notre semaine.
- Il y a un vieux dicton qui dit qu'à moins d'être le chien de tête, le panorama est toujours le même.
- Il y a un vieux dicton qui dit que deux chèques de paie valent mieux qu'un seul.
- Il y a un vieux dicton qui dit qui si vous travaillez fort, votre patron aura sa grosse maison à la retraite.
- Il y a un vieux dicton qui dit qu'un emploi garantit que vous resterez fauché.

- Il y a un vieux dicton qui dit que les gens allumés recherchent toujours les opportunités.
- Il y a un vieux dicton qui dit que lorsqu'on abandonne sa vie, il n'y a plus qu'à attendre la mort.
- Il y a un vieux dicton qui dit que les gens riches ont plusieurs sources de revenus.
- Il y a un vieux dicton qui dit que la récompense pour graduer à l'université est 45 ans de dur labeur.

Si vous vendiez des programmes d'amaigrissement :

- Il y a un vieux dicton qui dit que les diètes ne feront que vous faire engraisser.
- Il y a un vieux dicton qui dit qu'un simple changement de déjeuner peut changer bien des choses.
- Il y a un vieux dicton qui dit que l'exercice, c'est la clé.
- Il y a un vieux dicton qui dit qu'on est simplement trop occupés pour suivre une diète.
- Il y a un vieux dicton qui dit qu'il est facile de suivre une diète quand on n'est pas affamé.
- Il y a un vieux dicton qui dit que les gens minces prennent un gros déjeuner.
- Il y a un vieux dicton qui dit que perdre du poids est facile, le garder à distance par la suite est difficile.
- Il y a un vieux dicton qui dit qu'il est facile de faire de l'exercice quand vous avez beaucoup d'énergie.
- Il y a un vieux dicton qui dit que les protéines vous procurent un bon sentiment de satiété.

- Il y a un vieux dicton qui dit que si vous démarrez une diète, vous devrez éventuellement en sortir.

Si vous vendiez du café santé :

- Il y a un vieux dicton qui dit que le café brule les gras.
- Il y a un vieux dicton qui dit que le café fait notre journée.
- Il y a un vieux dicton qui dit qu'il n'y a rien de meilleur qu'une bonne tasse de café.
- Il y a un vieux dicton qui dit qu'on veut la qualité du café Starbucks, mais pas le prix.
- Il y a un vieux dicton qui dit que le café est la boisson sociale la plus populaire.
- Il y a un vieux dicton qui dit que le café devrait contribuer à une bonne santé.
- Il y a un vieux dicton qui dit que le café est génial pour l'énergie.
- Il y a un vieux dicton qui dit que tout va bien avec une tasse de café.

Et si vous vendiez... enfin, vous comprenez le principe. On pourrait appliquer cette formule magique à presque n'importe quoi !

QUE LA MAGIE COMMENCE !

Alors assemblons quelques uns de ces mots magiques pour voir exactement comment on peut amener nos prospects à ouvrir leur esprit pour entendre et croire aisément tout ce qu'on leur dira. Plus on utilise de mots et phrases magiques, plus ce sera facile pour notre prospect de nous ouvrir son cerveau.

La plupart des gens aimeraient avoir quelques exemples maintenant. :)

Si vous vendiez des voitures :

« Et bien, vous savez combien on déteste payer trop cher une voiture ? La plupart des gens recherchent la bonne affaire qui leur fera économiser de l'argent. Tout le monde aime bien se « péter les bretelles » en parlant de la super aubaine obtenue sur une nouvelle voiture ».

Et bien, d'après-vous, comment se sent le prospect maintenant ? La connexion avec le vendeur de voiture est excellente n'est-ce pas ? Le vendeur aurait pu utiliser d'autres formules tout aussi efficaces pour créer le lien :

« Il y a un vieux dicton qui dit que les concessionnaires à gros volume offrent les prix les plus bas. Tout le monde sait que vendre des centaines de voitures par mois permet de réduire le prix par voiture. La plupart des gens adorent profiter de ces économies ». :) *(SOURIRE)*

Si vous vendiez des produits de soins pour la peau :

« Tout le monde sait que notre visage donne la première impression. Et bien, vous savez comment on veut tous protéger notre visage contre le soleil ? La plupart des femmes insistent pour que leur hydratant contienne une protection solaire. Tout le monde sait que c'est la première ligne de défense contre l'impact du soleil sur le vieillissement de la peau ».

« Tout le monde sait que l'hiver de l'Arizona est rude pour la peau des femmes. Et tous les dermatologistes disent que c'est la nuit que la peau perd la plus grande partie de son hydratation. Alors il y a un vieux dicton qui dit que votre visage est aussi jeune que votre crème de nuit »

Si vous vendiez des vitamines :

« Toutes les mamans savent qu'envoyer les enfants à l'école est dangereux. Tout le monde dit que c'est l'endroit par excellence pour s'exposer aux germes et aux virus. Alors la plupart des mamans désirent protéger leurs enfants avec une bonne multi vitamine avant de les laisser quitter pour l'école ».

« Il y a un vieux dicton qui dit que si on ne prend pas soin de nos corps, alors où vivra-t-on ? Mais tout le monde sait qu'on n'a pas le temps de manger santé. La plupart des gens n'arrivent même pas à mettre du temps de coté pour faire de l'activité physique. Alors et bien, vous savez combien on aimerait prendre soin de soi s'il existait une solution simple et rapide » ?

Si vous vendiez des programmes d'amaigrissement :

« Et bien, vous savez comment la plupart des gens sont allergiques à l'exercice ? Et la plupart tournent au rouge et sortent couverts de sueur. Tout le monde sait qu'il doit y avoir une façon plus simple de perdre du poids ».

« Il y a un vieux dicton qui dit que si vous débutez une diète, vous devrez éventuellement en sortir. Et tout le monde sait que c'est à ce moment que le poids reviendra au galop. La plupart des gens aimeraient perdre du poids une fois, et ne plus jamais le reprendre ».

Si vous vendiez des cartes de membre pour une salle d'entraînement :

« Et bien, vous savez combien on veut tous avoir un corps athlétique ? La plupart des gens désirent joindre un gym, mais n'ont tout simplement pas le temps. Tout le monde dit qu'engager un entraîneur personnel permet de réduire au minimum la période d'exercice et maximiser les résultats ».

« Tout le monde sait que le surplus de poids n'est pas en vogue cette année. Tout le monde dit qu'avoir un corps athlétique sera toujours à la mode. Alors la plupart des gens désirent atteindre leur poids santé rapidement en s'entraînant en résistance avec des charges ».

Si vous vendiez des photocopieurs :

« Il y a un vieux dicton qui dit que le temps c'est de l'argent. La plupart des gens veulent un photocopieur près de leur bureau pour sauver du temps. Tout le monde sait que c'est la meilleure façon de générer des économies pour le département ».

« Et bien, vous savez à quel point on fait toujours des copies ? La plupart des gens veulent avoir leurs copies maintenant et non courir sans cesse à la salle des photocopieurs. Tout le monde sait que le temps est précieux ».

Si vous vendiez du café santé :

« Il y a un vieux dicton qui dit que la meilleure façon de démarrer la journée est une bonne tasse de café frais moulu. Tout le monde sait que la vie est faite de petits plaisirs. Et tout le monde dit que la saveur de vanille fraîche de notre café est une chose dont ils rêvent toute la nuit ».

« La plupart des gens adorent le café. Tout le monde sait que le café que l'on boit devrait être bon pour nous. Et bien, vous savez combien notre ingrédient secret renforcit même votre système immunitaire pendant que vous appréciez son goût délicieux » ? :) *(SOURIRE)*

Si vous vendiez de l'immobilier :

« Il y a un vieux dicton qui dit que demeurer locataire équivaut à jeter de l'argent par les fenêtres. La plupart des gens adoreraient investir l'argent du loyer dans leur propre maison. Et tout le monde dit que c'est le premier pas vers la prospérité ».

« Il y a un vieux dicton qui dit que l'immobilier prend toujours de la valeur. Tout le monde sait que c'est probablement l'investissement le plus sécuritaire qui soit. La plupart des gens ne veulent pas prendre de risques en plaçant leur argent dans des actions ».

ÉTEIGNEZ L'ALARME « ANTI-VENDEUR » AVEC CETTE PHRASE.

Les gens sont programmés pour se méfier des vendeurs. Les vendeurs ont une intention bien précise : vous vendre quelque chose. Personne n'aime se faire vendre quelque chose, mais tout le monde adorent acheter.

Alors comment pourriez-vous faire sentir aux gens qu'ils achètent plutôt que leur faire sentir que vous leur vendez quelque chose ? Simple !

En transférant le contrôle du flot d'information entre leurs mains.

Quand quelqu'un vous présente quelque chose, il vous vend.

Quand vous posez des questions à quelqu'un qui prend le temps de bien vous répondre, vous êtes en train d'acheter.

Vous voyez la nuance ? Quelle question pourrait changer leur perception à propos de vos intentions ?

En voici une simple et éprouvée :

« Qu'est-ce que tu aimerais savoir d'abord » ?

Cette simple question change toute la dynamique. Plutôt que de les bombarder et leur présenter votre information, vous leur transférez le contrôle en les invitant à **vous** poser des questions.

C'est facile, et c'est poli !

Personne n'apprécie une conversation à sens unique où le vendeur prend toute la place.

Alors dès que vous le pouvez, posez la question : « Qu'est-ce que tu aimerais savoir d'abord » ?

Et vous savez ce qui est encore plus agréable dans cette stratégie ? Votre prospect vous dira d'emblée ce qu'il désire savoir d'abord, et vous pourrez adresser sur le champs ce qui compte le plus pour lui.

OFFREZ UN COMPLIMENT SINCÈRE.

Ça n'est pas aussi simple que ça en a l'air. Et plus le compliment est évident, plus vous mettrez votre prospect dans l'inconfort. Alors ne faites pas de compliments qui sautent aux yeux comme :

- Tu es magnifique aujourd'hui.
- Mon dieu, quelle belle maison.
- J'adore la façon dont tu t'habilles.
- Tu es une personne très intelligente.

Ces compliments clichés, trop évidents ne provoquent que le malaise et le scepticisme chez votre prospect.

Un compliment plus subtil démontre que vous avez pris le temps de regarder plus en détail, et avez remarqué quelque chose que la plupart des gens n'ont pas noté. Voici quelques exemples de compliments plus subtils ou mieux ficelés.

- Tu souris tout le temps. Où trouves-tu l'énergie pour sourire tout en élevant 4 enfants et un mari ?
- Ces planchers de bois sont fort jolis ; ont-ils été difficiles à installer ?
- Je vois que tu lis le Journal les affaires ; tu es abonné depuis longtemps ?

Avez-vous remarqué qu'une question a été ajoutée après chaque compliment ?

Lorsque vous posez une question immédiatement après votre compliment, la pression s'estompe chez votre prospect. Ils n'a plus besoin de vous remercier pour le compliment, il peut tout simplement répondre à la question, ce qui est de loin plus confortable pour lui.

AMENEZ VOTRE PROSPECT À PARLER DE LUI-MÊME IMMÉDIATEMENT !

Dale Carnegie le mentionnait avec brio il y a bien longtemps dans son livre « Comment se faire des amis ».

Comment votre prospect peut-il résister à une telle occasion ? Une chance de parler de lui, et une personne (vous) prête à l'écouter. Pour la plupart des gens, ces moments sont aussi précieux que rarissimes !

Lorsque vous donnez à votre prospect la chance de parler de ses idées, ses rêves, ses buts et ses problèmes, il se sent automatiquement plus à l'aise et connecté avec vous.

Et comment pouvez-vous amener votre prospect à parler de lui ?

Facile.

Posez-lui tout simplement une question ! Votre prospect prendra naturellement le relais.

Aucune question ne vous vient à l'esprit ? En voici quelques unes pour vous aider à démarrer.

- Vous habitez ici depuis longtemps ?
- À quel endroit avez-vous vu ma publicité ?
- Quel élément de ma publicité vous a attiré ?

- Depuis combien de temps connaissez-vous John ?
- Vous avez ce problème depuis longtemps ?
- Aimez-vous voyager ?
- À quelle heure devez-vous quitter le matin pour éviter les bouchons de circulation ?
- Qu'est-ce que vous feriez si vous aviez beaucoup plus de temps libre ?

Plutôt facile n'est-ce pas ?

Ce qu'il faut retenir, c'est que si nos prospects sont effrayés, réticents et méfiants envers nous, alors notre présentation tombe dans des oreilles bouchées ; et c'est très mauvais.

Mais tant que nos prospects parlent d'eux-mêmes, tout est parfait dans leur univers et ils sont heureux ! Ils se sentent en contrôle. Après tout, comment pourraient-il être sceptiques envers quelqu'un d'aussi fascinant... qu'eux-mêmes ! Plus vous permettez à vos prospects de s'exprimer, plus il est facile de maintenir la connexion.

LA QUESTION CLASSIQUE QUI PEUT BRISER LE LIEN.

« Pourquoi » ?

La question « pourquoi ? » peut démontrer votre intérêt face à votre prospect et l'inciter à parler davantage; mais il y existe un inconvénient majeur à la question « Pourquoi ?».

Vous vous souvenez quand vous étiez enfant et que vous faisiez une bêtise ? Vos parents (ou votre professeur) vous posaient la question suivante : « Pourquoi as-tu fait ça ? ». Et bien, non seulement vous étiez très mal à l'aise face à la situation, mais vous deviez en plus justifier POURQUOI vous aviez commis cette bêtise.

La question « pourquoi ? » met la plupart des gens sur la défensive. Vous comprendrez donc qu'il est très difficile voire même impossible d'établir une connexion avec cette question.

Maintenant, imaginons que vous êtes vendeur chez un concessionnaire BMW et vous parlez à client potentiel. Il vient tout juste de vous dire que sa voiture précédente était une Mercedes-Benz et vous lui demandez :

« Alors pourquoi aviez-vous opté pour une Mercedes-Benz la dernière fois » ?

C'est ce qu'on appelle se tirer une balle dans le pied. Votre excellent prospect tente maintenant de se justifier en énumérant toutes les bonnes raisons pour lesquelles il avait choisi une Mercedes-Benz. Il se rappelle à lui-même tout comme à vous, à quel point sa décision était judicieuse.

Comment ferez-vous plus tard dans la conversation pour rester connecté avec votre prospect lorsque vous mentionnerez que BMW est un bien meilleur choix...

En résumé, utilisez la question « pourquoi ? » prudemment. Ne mettez pas votre prospect dans une position où il doit justifier sa décision de ne pas acheter ce que vous vendez. :)

« EST-CE DIFFICILE D'AMENER LES GENS À VOUS CROIRE » ?

La plupart des gens le savent, la réponse est « non ».

Tout le monde sait qu'il est facile d'amener les gens à croire les bonnes choses que l'on dit.

Dans ce livre, vous avez appris les techniques suivantes pour générer plus de réceptivité, plus de crédibilité et plus de résultats. Vous avez appris à créer instantanément le lien, la connexion.

Technique #1 :

Dire à votre prospect un fait avec lequel vous êtes tous les deux d'accord.

Technique #2 :

Ajuster votre cadence à celle de votre prospect et vous mettre au diapason de ses croyances.

Technique #3

Dire à votre prospect deux faits avec lesquels vous êtes tous deux en accord.

Technique #4

Sourire.

Technique #5

« La plupart des gens »...

Technique #6

« Tout le monde sait »...

Technique #7

« Tout le monde dit »...

Technique #8

« Et bien, tu sais comment »...

Technique #9

« Il y a un vieux dicton qui dit que »...

Technique #10

« Qu'est-ce que tu aimerais savoir d'abord »...

Technique #11

Un compliment sincère.

Technique #12

Amener votre prospect à prendre le contrôle de la conversation.

Technique #13

Évitez la question « Pourquoi » qui oblige votre prospect à se justifier.

Comment établir le lien (connexion) ?

Tout se passe si rapidement. En quelques secondes les programmes automatisée de notre cerveau prennent la décision de faire confiance et croire ou non. Au Texas, on a un dicton qui dit : « Les chiens savent qui mordre ».

Certaines personnes décrivent le phénomène de connexion entre 2 personnes comme étant un sentiment, une vibration. Maintenant, vous savez que cette connexion n'est pas le fruit du hasard ; c'est quelque chose que nous pouvons contrôler. Vous avez toute une longueur d'avance !

Prêts à utiliser vos idées et vos informations pour changer des vies plutôt que de les faire rebondir sur le front de vos prospects ? La suite vous appartient. Vous avez maintenant 13 outils pour créer le lien, la connexion que vous avez toujours souhaité et qui vous ouvrira toutes les portes ou plutôt... les cerveaux !

BIG AL
WORKSHOPS

Ce livre est dédié aux gens de marketing
de réseau de partout.

Je voyage de par le monde plus de 240 jours chaque année.
Laissez-moi savoir si vous souhaitez que tienne une
formation (Big Al Training) dans votre secteur.

→ **BigAlSeminars.com** ←

Tous les livres de
Tom « Big Al » Schreiter
sont disponibles à :

BigAlBooks.com/french

À PROPOS DE L'AUTEUR

Tom « Big Al » Schreiter possède plus de 40 ans d'expérience en marketing de réseau et marketing à paliers multiples. En tant qu'auteur des livres classiques de formation « Big Al » publiés à la fin des années '70, il a depuis offert des conférences et ateliers dans plus de 80 pays sur comment utiliser des mots et des phrases précises pour entrer dans la tête des prospects, ouvrir leur esprit et leur faire dire « OUI ».

Sa passion réside dans les idées marketing, les campagnes promotionnelles et les techniques pour s'adresser au subconscient de façon simple et efficace. Il est toujours à l'affut des phénomènes et campagnes marketing innovatrices qui fournissent bien souvent de nouvelles clés.

En tant qu'auteur de nombreuses formations audio, Tom est un orateur très prisé dans les conventions annuelles et les événements régionaux.

www.ingramcontent.com/pod-product-compliance
Lightning Source LLC
Chambersburg PA
CBHW071457210326
41597CB00018B/2590